Ursula Lauster

SPIELE

Aufsatzspiele

für die 6. Klasse

Lentz

Inhalt

Liebe Eltern, liebe Lehrer,

lustige Bildgeschichten reizen zum Erzählen. In spielerischer Form werden in diesem Heft Ausdruck und Wortschatz verbessert und erweitert und die Angst Ihres Kindes vor Aufsätzen spielerisch abgebaut. Die vielen Übungen und Bildgeschichten in diesem Heft richten sich an Schüler der **6. Klasse** und sollen als Sprechanlass dienen. Sie regen Ihr Kind an, genau zu beobachten und frei zu erzählen. Die individuelle Fantasie Ihres Kindes wird dabei nicht eingeschränkt, sondern gefördert.
Sicher hilft es Ihrem Kind, wenn Sie sich ab und zu Zeit nehmen und sich dazusetzen, wenn es mit diesem Heft übt. Lassen Sie Ihr Kind frei erzählen. Loben Sie gut formulierte Ausdrücke und Sätze, denn Lob fördert das Selbstwertgefühl des Kindes und sein Vertrauen in die eigene Leistung. Helfen Sie ihm, typische Aufsatzfehler, z.B. ständige Wortwiederholungen oder Zeitwechsel, zu vermeiden. Zwingen Sie Ihr Kind nicht zum Weitermachen, wenn es keine Lust mehr hat. Denken Sie immer daran – Lernen und Spielen gehören zusammen.
Ich hoffe, diese Aufsatzspiele machen Ihrem Kind ebenso viel Spaß wie meinen Schülern.

Und nun – viel Erfolg!
Ihre

Ursula Lauster

Illustrationen: Ursula Lauster

Umschlaggestaltung: eStudio Calamar, Spanien

Entspricht den Regeln der reformierten Rechtschreibung
ISBN 3-88010-745-9
Lektorat: Daniela Groß
Satz: Walter Typografie & Grafik, Würzburg
Druck: Jos. C. Huber, Dießen
Printed in Germany

Gedruckt auf chlorfrei gebleichtem Papier

Hallo, du – wie heißt du?

Liebe(r) ____________________,

schreibe deinen Namen auf die Linie. Dieses Heft gehört nur dir. Es ist dein ganz persönliches Aufsatzspielbuch.

Aufsätze schreiben kann richtig Spaß machen, liebe(r) ____________________, das wirst du sehen! Einen Aufsatz schreiben heißt, etwas schriftlich erzählen. Das Wichtigste dabei ist, dass du frei erzählst, was du erlebt hast oder was du in den Bildern und Bildgeschichten in diesem Heft erkennst.

Wenn du es mündlich erzählen kannst, kannst du es bestimmt auch schriftlich. Versuche in Sätzen auszudrücken, was du erzählen würdest.

Das ist Pepe, der Papagei. Pepe plappert gerne. Er führt dich durch alle Spiele in diesem Heft und gibt dir viele Tipps. Die Lösungen zu den Aufgaben stehen auf Seite 32. Aber nicht mogeln!

Ich wünsche dir viel, viel Spaß bei den Spielen.

Ursula Lauster

Wer spricht mit wem?

Menschen treffen sich auf der Straße. Man kennt sich, begrüßt sich und hat eine Menge zu erzählen. Schau dir das Bild von der nächsten Seite genau an. Wer spricht hier wohl mit wem? Schreibe die Namen auf die Linien.

____________________ ruft: „Lauf doch nicht so schnell, ____________________! Ich komm gar nicht dazu, meine Pommes frites zu essen.“

____________________ sagt: „Wenn du willst, schenk ich ihn dir, ____________________! Er ist mit Cola-Geschmack! Ich hab davon schon zwei gelutscht. Der schmeckt gut, sag ich dir!“

____________________ schlägt vor: „Kommen Sie doch kurz rein, ____________________! Ich mach uns auch eine schöne Tasse Kaffee! Ich geh schon mal zur Tür und drück Ihnen auf!“

____________________ fragt: „Haben Sie schon von dem Überfall gehört, ____________________? Ich hab es auch gerade erst von der Gemüsefrau erfahren! Stellen Sie sich das vor! Am helllichten Tag sind die Gangster einfach in die Bank spaziert! Unvermummt!“

____________________ will von ____________________ wissen: „Wieso bist du auf einmal so nett zu mir? Heute Morgen in der Schule hast du mich noch blöde Ziege genannt, weil ich dich nicht abgucken ließ!“

____________________ meint: „Wir setzen uns da vorne auf dem Spielplatz auf die Bank. Dann kannst du in aller Ruhe deine Pommes essen. Was hältst du von der Idee, ____________________?“

____________________ antwortet: „Vielen Dank, ____________________! Das ist ganz lieb von Ihnen! Aber ich darf um diese Zeit keinen Kaffee trinken! Mein Herz, wissen Sie! Dann kann ich die ganze Nacht nicht schlafen!“

Wer spricht mit wem?

Spiele ein Gespräch von der vorigen Seite weiter. Was könnten die Personen sich alles erzählen? Versuche jede Rolle mit einer anderen Stimme zu sprechen.

Hast du viel Fantasie?

Fantasie ist für einen guten Aufsatz sehr wichtig. Bestimmt hast du viele gute Ideen. Findest du zu jeder Frage drei verschiedene Antworten? Schreibe sie in einem ganzen Satz auf. Wenn der Platz hier nicht ausreicht, schreibe in deinem Heft weiter.

Warum schimpft Herr Lange mit den Kindern?

Was erzählt die Lehrerin ihren Schülern?

Über wen tratschen die beiden Frauen?

Drei junge Singdrosseln sitzen im Baum und betteln lautstark um Futter. Sie können selbst noch nicht fliegen. Bis sie flügge sind, werden sie von den Vogeleltern weitergefüttert. Weißt du, welcher Feind sich auf dem Ast unter ihnen lautlos heranschleicht? Du findest es heraus, indem du die Punkte von 1 bis 50 miteinander verbindest.

Welche Überschriften klingen am besten? Kreuze sie an.

Der Feind naht
Die drei Singdrosseln
Fliegen müsste man können
In tödlicher Gefahr

Erzähle die Geschichte schriftlich in dein Heft.

Laute zuordnen

Auf dieser Seite findest du 33 Verben, die verschiedene Laute oder Geräusche beschreiben. Weißt du, wer solche Geräusche macht? Ein Mensch M, ein Tier T oder ein Gegenstand G? Schreibe den passenden Buchstaben ins Kästchen.

- ☐ seufzen
- ☐ fauchen
- ☐ knistern
- ☐ jaulen
- ☐ quietschen
- ☐ plätschern
- ☐ prasseln
- ☐ lispeln
- ☐ rasseln
- ☐ ächzen
- ☐ klirren
- ☐ miauen
- ☐ trillern
- ☐ knattern
- ☐ weinen
- ☐ murmeln
- ☐ stöhnen
- ☐ winseln
- ☐ knurren
- ☐ schnauben
- ☐ wispern
- ☐ jauchzen
- ☐ tuckern
- ☐ knallen
- ☐ jubeln
- ☐ zwitschern
- ☐ dröhnen
- ☐ schluchzen
- ☐ knacken
- ☐ kläffen
- ☐ hupen
- ☐ quieken
- ☐ keifen

Comic-Sprache

In Comics werden Gefühle nicht hauptsächlich mit Worten, sondern mit Bildern und Lauten beschrieben. Kannst du diese Comic-Laute in normale Sprache umwandeln? Überlege, welche Gefühle jedes Gesicht ausdrückt, und schreibe dazu passende Wörter auf die Linien.

grummel

huch?

aaah

krrr

hehe

ähm

haha

rabäh

Adjektive verschönern den Aufsatz

Lies das Substantiv in der Blumenmitte und die dazugehörigen Adjektive laut vor. Eines der sieben Adjektive in der Blüte passt nicht zum Substantiv. Streiche es mit einem Rotstift weg.

Was geschieht hier gleich?

Die drei Bilder zeigen drei verschiedene Situationen. Schildere, was gerade geschieht oder gleich passieren wird. Wie könnte es weitergehen? Suche dir eine Geschichte aus und erzähle sie schriftlich in dein Heft. Denke an eine treffende Überschrift und einen guten Schlusssatz.

1

3

2

Passende Adjektive suchen

Zu welchem Substantiv passen diese Adjektive? Verbinde die beiden zusammengehörenden Wörter mit einer Linie.

unanständiger	Büchsenmilch
kondensierte	Drohung
aufgeschlossene	Witz
versteckte	Nachbarn

wirksame	Zuhörer
minderwertige	Unternehmer
ungeduldiger	Qualität
geschäftstüchtiger	Reklame

einschläfernder	Dessert
aufrichtige	Fernsehfilm
kalorienreiches	Beamter
gewissenhafter	Freundschaft

zielstrebiger	Einsatz
schmerzhafter	Belastung
außergewöhnliche	Aufgabe
kinderleichte	Eingriff

logische	Persönlichkeit
übersichtliche	Erscheinen
namhafte	Erklärung
persönliches	Darstellung

handgreifliche	Abschrift
beglaubigte	Unterfangen
überwältigende	Auseinandersetzung
riskantes	Mehrheit

Die treffende Überschrift

Schau dir die Bildgeschichte zuerst an. Was passiert hier? Erzähle.

Die Überschrift einer Bildgeschichte soll den Inhalt kurz umreißen und dabei nicht langweilig klingen. Von den acht Überschriften zu dieser Bildgeschichte passen zwei gar nicht zur Geschichte. Suche sie und unterstreiche sie mit einem roten Stift. Zwei Überschriften klingen steif und langweilig. Unterstreiche sie blau. Unterstreiche die Überschrift, die dir am besten gefällt, mit einem grünen Stift.

Der Streich
Der ahnungslose Fenstergucker
Sonntagsvergnügen
Wurst an der Angel

Die ungerechte Strafe
Der Streich mit der Wurst
Der arme Onkel
Der Spaß ging zu weit, mein Freund!

Bildgeschichte: Die Maus und der Fuchs

Erzähle diese Bildgeschichte wie ein Märchen. Das Besondere im Märchen ist, dass die Tiere denken, handeln, sprechen und sogar lesen und schreiben können. Fange deine Geschichte mit einem typischen Märchensatz an und beende sie auch mit einem solchen.

Du darfst selbst entscheiden, wie das Märchen ausgehen soll: gut für das Mäuschen oder gut für den listigen Fuchs. Schreibe das Märchen in dein Heft.

Leider hören die Aufsätze auf dieser Seite beide an der spannendsten Stelle auf. Wie könnte es weitergehen? Erzähle einen der beiden Aufsätze schriftlich in dein Heft weiter. Runde deinen Aufsatz mit einem schönen Schlusssatz ab und schreibe eine passende Überschrift oben ins Kästchen.

In unserem Keller gibt es Ratten. Das ist nicht gelogen! Der Hausmeister streute vergiftete Körner, um sie auszurotten. Alle Hausbewohner wurden angeleitet, die Haupttür zu den Kellern verschlossen zu halten und auf ihre Haustiere zu achten. Vorgestern schickte mich meine Mutter in den Keller, um zwei Flaschen Rotwein für unsere Gäste hochzuholen. Widerwillig gehorchte ich, denn ich habe entsetzliche Angst vor Ratten. Ich schloss vorsichtig die Eisentür zu den Kellerräumen auf. Plötzlich ...

Meine ältere Schwester Sarah ist total verliebt. Sie wird rot bis über beide Ohren, wenn ich nur den Namen ihres Freundes nenne. Sie benimmt sich echt affig. Um ihr eins auszuwischen, hatte ich eine glänzende Idee: Ich schrieb einen Abschiedsbrief, am PC natürlich, damit mich meine Handschrift nicht verrät, fälschte die Unterschrift ihres Freundes und gab den Brief zur Post. Zwei Tage später kommt meine Mutter mit dem Brief ins Wohnzimmer. Meine Schwester stürzt auf sie zu und reißt ihn ihr fast aus der Hand. Mit fiebrigen Händen liest sie den ersten Satz ...

Die Bedeutung von Redewendungen

Welche Bedeutung haben diese Redewendungen? Schreibe die Zahl der Redewendung ins Kästchen vor das Verb, das den Sinn der Redewendung wiedergibt. Gar nicht so leicht, oder?

1 jemandem schlaflose Nächte bereiten

2 von Mund zu Mund gehen

3 jemandem mit Rat und Tat zur Seite stehen

4 jemanden vor den Kopf stoßen

5 sein Geld zum Fenster hinauswerfen

6 einer Sache auf den Grund gehen

7 vor die Hunde gehen

8 etwas geht in die Hose

9 aufs falsche Pferd setzen

10 große Töne spucken

11 über Gott und die Welt reden

12 jemandem den Rücken kehren

14 jemandem Sand in die Augen streuen

- ☐ verschwenden
- ☐ missglücken
- ☐ kränken, beleidigen
- ☐ sterben
- ☐ beunruhigen
- ☐ helfen
- ☐ sich trennen
- ☐ sich herumsprechen
- ☐ sich unterhalten
- ☐ etwas verkehrt machen
- ☐ betrügen, belügen
- ☐ nachforschen
- ☐ angeben, prahlen

Erzähle die Handlung der sechs Bilder schriftlich in dein Heft. Findest du auch eine treffende Überschrift und einen Schlusssatz, der den Aufsatz abrundet?

Nebensätze bilden

Dein Aufsatz wird besser und lebendiger, wenn du die Sätze nicht nur aneinander reihst, sondern sie zu einem Haupt- und einem Nebensatz verbindest. Verwende die rechts vorgegebene Konjunktion (Bindewort), um den farbig gedruckten Satz in einen Nebensatz zu verwandeln. Schreibe den langen Satz auf die Linien.

Die Dämmerung bricht an.
Der Igel kommt aus seinem Versteck hervor. — Wenn

Wenn die Dämmerung anbricht, kommt ...

Die Ampelanlage fiel aus.
Ein Polizist regelte den Verkehr mit Handzeichen. — Als

Giraffen fressen selten Gras.
Sie reichen mit dem Maul nicht bis zum Boden. — weil

Das Thermometer klettert auf 30 Grad.
Die Lehrerin gibt hitzefrei. — Als

Der Arbeiter stapelt die Kartons übereinander.
Er spart auf diese Weise Platz. — um

Der Mann beschleunigt seinen Gang.
Er hat nur noch fünf Minuten Zeit. — denn

Ein Schneckenhaus ist so groß.
Das Tier kann sich ganz ins Gehäuse zurückziehen. — dass

Aasgeier fressen und zupfen an dem Tierkadaver.
Kein Hautfetzen bleibt übrig. — bis

Bildgeschichte: Der Volltreffer

Schau dir die beiden Bilder an und erzähle, was passiert. Du kannst die Geschichte aus der Sicht der Jungen schildern oder aus der Sicht der Erwachsenen. Gib den Personen einen Namen und schreibe den Aufsatz ins Heft.

Schlecht ausgedrückt

In jedem Satz steckt ein schlechter Ausdruck. Findest du ihn? Streiche ihn rot an. Wie heißt der Satz in gutem Deutsch? Schreibe ihn auf die Linien.

1. Der Junge mit der Jeansjacke ist dem Bernd sein großer Bruder.

2. Herr Klob arbeitet seit zehn Jahren bei die Städtische Gaswerke.

3. Die Kunden, die wo bei mir einkaufen, werden freundlich bedient.

4. Mein Sohn ist nach dem Bäcker gelaufen, um ein Brot zu kaufen.

5. Dies ist das einzigste Foto, auf dem wir gemeinsam zu sehen sind.

6. Der Fritz hat gewusst, dass der Gerd sitzen geblieben ist.

7. Reich mir bitte die Tüte Milch, die wo auf dem Tisch steht.

8. Ein Zaunkönig ist viel kleiner als wie eine Kohlmeise.

9. In dieser Beziehung habe ich mir in dir getäuscht.

10. Dein Deutschheft und dein Füller muss auf dem Tisch liegen.

11. Die blonde Frau dort vorne ist die Mutter von der Tina.

12. Steffi ist drei Jahre jünger wie ihre Schwester.

Dieser Aufsatz heißt: **Die gefährliche Wette.** Lies dir den Hauptteil durch. Anfang und Ende der Geschichte fehlen. Kannst du dir vorstellen, wie die Geschichte begonnen hat und wie sie enden könnte? Schreibe deine Ideen auf die Linien.

Die beiden Freunde stapften über die Wiese zum Bach. Hinter der schmalen Holzbrücke ist der Bach breit und reißend. Große Steinbrocken hemmen den Wasserlauf. Misstrauisch starrt Marius auf das Wasser und schätzt die Breite des Baches. „Das schaffst du nie!“, ruft er Philipp zu. Doch sein Freund geht schon fünf Meter zurück, um Anlauf zu nehmen. Er stürmt an Marius vorbei, reißt die Beine hoch, schlackert mit den Armen, springt. Er landet mit einem Bein auf der sumpfigen Uferseite, doch mit dem anderen im Wasser. Der Junge verliert das Gleichgewicht, kippt nach hinten und fällt rückwärts in den Bach. Sein Hinterkopf prallt bei dem Sturz hart auf einen Felsbrocken.

Bildgeschichte

Die sechs Bilder erzählen eine spannende Handlung. Schildere mit deinen Worten, was hier geschieht. Beschreibe die Gefühle des Fischers, seinen Anglerstolz, seine panische Angst und seine Erleichterung so genau wie möglich.

1.

2.

3.

Erzähle die Bildgeschichte schriftlich in dein Heft. Fällt dir eine treffende Überschrift ein, die zu dieser Geschichte passt? Schreibe sie auf die Linien.

4.

5.

6.

Andere Wörter für **sagen** und **machen**

Welches Wort für **sagen** passt in den Satz? Streiche das benutzte Verb im Kästchen durch. Passe es dem Satz an und schreibe es auf die Linie.

äußern	antworten	berichten	erwidern
erzählen	fragen	fortfahren	meinen
schildern	sprechen	verkünden	

Großmutter ______________ ihrem Enkel Ralf das Märchen vom Rotkäppchen. „Warum hat Rotkäppchen so einen komischen Namen?“, ______________ der Kleine seine Oma. „Es trägt sehr gerne eine rote Kappe, die ihm seine Großmutter genäht hat“, ______________ Oma. „Ich trage am liebsten meine blaue Baseballkappe“, ______________ Ralf und ______________: „In Zukunft darfst du mich Blaukäppchen nennen, Omi!“

Suche ein besseres Wort für **machen** aus dem Kasten und passe es dem Satz an. Schreibe den ganzen Satz auf die Linien.

beeilen	drehen	erledigen	kämmen
kochen	kosten	lösen	öffnen
schalten	schließen	schmieren	schneiden
ziehen	zubereiten	zuschrauben	

Sie macht das Mittagessen. ______________

Mach das Radio leiser! ______________

Ich mache das Fenster zu. ______________

Er macht Kaffee. ______________

Wir machen Grimassen. ______________

Mach die Flasche zu! ______________

Du machst deine Aufgaben. ______________

Sie macht die Haustür auf. ______________

Ich mache mir ein Wurstbrot. ______________

Mach ein bisschen schneller! ______________

Wie viel macht das? ______________

Sie macht ihre Haare. ______________

Ich mache ein Kreuzworträtsel. ______________

Erzähle die Handlung, die in den drei Bildern steckt. Gib den Personen einen Namen. Schildere, wie die Geschichte weitergehen könnte. Bestimmt findest du eine treffende Überschrift und einen Schlusssatz, der den Aufsatz abrundet.

Welcher Satz ist der schönste?

Versuche aus den Sätzen einen Aufsatz zu bauen. Kreuze dazu immer den der beiden Sätze an, der am besten klingt. Schreibe ihn in dein Heft.

Die ruinierte Frisur

☐ Frau Huber betrachtet ihren Kopf zufrieden im Spiegel.
☐ Frau Huber guckt sich ihre Haare im Spiegel an.

☐ Die neue Frisur sieht sehr schön aus.
☐ Die neue Frisur steht ihr wirklich ausgezeichnet.

☐ Wenige Minuten später steht Frau Huber auf der Straße und schaut besorgt zum Himmel.
☐ Frau Huber verlässt wenig später das Friseurgeschäft und guckt in die Luft.

☐ Am Himmel sind schwarze Regenwolken zu sehen.
☐ Über den Dächern der Stadt hängen schwere Regenwolken.

☐ „Zu dumm, dass ich den Regenschirm vergessen habe!“, denkt sie.
☐ Sie ärgert sich, denn sie hat den Regenschirm zu Hause vergessen.

☐ Vorsichtshalber stellt sich Frau Huber im nächsten Hauseingang unter.
☐ Frau Huber stellt sich vor die Tür des nächsten Hauses.

☐ Es beginnt plötzlich ganz stark zu regnen.
☐ Schon prasseln schwere Regentropfen auf den Bürgersteig.

☐ Auf der Straße entstehen große Pfützen.
☐ Auf Fahrbahn und Bürgersteig bilden sich riesige Wasserlachen.

☐ Als es aufgehört hat zu regnen, geht Frau Huber weiter.
☐ Endlich lässt der Regen nach und die Frau setzt ihren Heimweg fort.

☐ Durch die hohe Luftfeuchtigkeit sind die Haare nass und strähnig geworden.
☐ Ihre Haare sind durch die feuchte Luft nass geworden.

☐ Der Regenschauer hat ihre hübsche Frisur in wenigen Minuten ruiniert.
☐ Nun hat Frau Huber wegen des Regens keine schöne Frisur mehr.

Lies, was in den Denk- und Sprechblasen steht. Wer sind die beiden Personen (A) und (B)? Worin besteht der Irrtum? Erzähle den Text aus den Denk- und Sprechblasen mit deinen Worten ohne wörtliche Rede nach.

Wie geht die Geschichte aus? Schreibe es in die Sprechblasen.

Das Kätzchen

Lies dir das Gedicht zweimal durch. Christian Friedrich Hebbel hat es vor mehr als hundert Jahren geschrieben. Du verstehst es leichter, wenn du versuchst, die verschiedenen Rollen mit unterschiedlicher Stimme zu sprechen. Erzähle die Geschichte dann ohne Reim schriftlich in dein Heft nach.

„Ja, das Kätzchen hat gestohlen.
Und das Kätzchen wird ertränkt.
Nachbars Peter sollst du holen,
dass er es im Teich versenkt!"

Nachbars Peter hat's vernommen.
Ungerufen kommt er schon.
„Ist die Diebin zu bekommen,
gebe ich ihr gern den Lohn!"

„Mutter, nein, er will sie quälen!
Gestern warf er schon nach ihr.
Bleibt nichts andres mehr zu wählen,
so ertränk ich selbst das Tier."

Sieh, das Kätzchen kommt gesprungen!
Wie es glänzt im Morgenstrahl!
Lustig hüpft's dem kleinen Jungen
auf den Arm zu seiner Qual.

„Mutter, lass das Kätzchen leben!
Jedes Mal, wenn's dich bestiehlt,
sollst du mir kein Frühstück geben!
Sieh nur, wie es artig spielt!"

„Nein, der Vater hat's geboten!
Hundertmal ist ihr verziehn!"
„Hat sie doch vier weiße Pfoten!"
„Einerlei! Ihr Tag erschien!"

„Nachbarin, ich folg ihm leise,
ob er es auch wirklich tut!"
Peter spricht es häm'scher Weise.
Und der Knabe hört's mit Wut.

Unterwegs auf manchem Platze
bietet er sein Liebchen aus.
Aber keiner will die Katze.
Jeder hat sie längst im Haus.

Ach, da ist er schon am Teiche.
Und sein Blick, sein scheuer, schweift,
ob ihn Peter noch umschleiche –
Ja, er steht von fern und pfeift.

„Nun, wir müssen alle sterben.
Großmama ging dir vorauf.
Und du wirst den Himmel erben,
kratze nur, sie macht dir auf!"

Jetzt, um sie recht tief zu betten,
wirft er sie mit aller Macht,
doch zugleich, um sie zu retten,
springt er nach, als er's vollbracht.

Eilte Peter nicht, der lange,
gleich im Augenblick herzu,
fände er, es ist mir bange,
hier im Teich die ew'ge Ruh.

In das Haus zurückgetragen
hört er auf die Mutter nicht.
Schweigt auf alle ihre Fragen,
schließt die Augen trotzig-dicht.

Von dem Zucker, den sie brachte,
nimmt er zwar zerstreut ein Stück;
doch den Tee, den sie ihm machte,
weist er ungestüm zurück.

Welch ein Ton! Er dreht sich stutzend
und auf einer Fensterbank,
spinnend und sich emsig putzend,
sitzt sein Kätzchen, blink und blank.

„Lebt sie, Mutter?" – „Dem Verderben
warst du näher, Kind, als sie!"
„Und sie soll auch nicht mehr sterben?"
„Trinke nur, so soll sie's nie!"

Bildgeschichte: Onkels Nachthemd

Diese Bildgeschichte stammt von Wilhelm Busch. Das Ende fehlt. Wie könnte die Geschichte weitergehen? Erzähle den Streich ohne Reim mit deinen Worten nach.

1

Helene geht zu Bett. Und mit Vergnügen
sieht sie des Onkels Nachthemd liegen.

2

Die Nadel her, so schnell es geht!
Und Hals und Ärmel zugenäht!

3

Darauf begibt sie sich zur Ruh
und deckt sich warm und fröhlich zu.

4

Bald kommt der Onkel auch herein
und scheint bereits recht müd zu sein.

5

Erst nimmt er seine Schlummerprise,
denn er ist sehr gewöhnt an diese.

6

Und nun vertauscht er mit Bedacht
das Hemd des Tags mit dem der Nacht.

Tiere beschreiben

Ein Tier gut und genau zu beschreiben ist gar nicht so leicht. Diese Punkte helfen dir dabei:

1 Tierart
Nenn den genauen Namen des Tieres. Um in der Beschreibung Wiederholungen zu vermeiden, benutzt du weitere Bezeichnungen: Säugetier, Raubtier, Kriechtier, Fisch, Vogel, Insekt oder Nagetier.

2 Geschlecht
Ist das Tier ein Männchen oder ein Weibchen? Benutze die besonderen Ausdrücke wie Hengst und Stute, Rüde und Hündin, Kater und Katze.

3 Alter
Das Alter eines Tieres zu schätzen ist schwer. Lass diesen Punkt weg, wenn du es nicht genau weißt. Bei Jungtieren benutzt du Ausdrücke wie Kitz, Küken, Fohlen, Welpe, Frischling oder Kalb.

4 Größe
Ist es ein ausgewachsenes Tier oder ein Tierjunges? Schätze die Größe und vergleiche sie mit anderen Tierarten.

5 Farbe
Die Farben einer Tierart sind oft sehr unterschiedlich. Male das Tier, das du beschreiben willst, farbig. Beschreibe nun die Farbe des Fells (des Gefieders, der Haut, des Pelzes).

6 Tierkörper
Beschreibe den Tierkörper in den einzelnen Punkten. Wie sieht der Kopf aus, die Augen, die Ohren, das Maul (der Schnabel, die Schnauze), der Hals, die Beine, der Schwanz?

7 Lebensbereich
In welcher Umwelt lebt das Tier? Lebt es in Wald, Feld, Wiese, See, Meer, Wüste, Steppe oder Dschungel?

8 Nahrung
Ist das Tier ein Pflanzenfresser, ein Fleischfresser oder ein Allesfresser? Zähle auf, was das Tier alles gerne frisst.

9 Besonderes Erkennungsmerkmal
Woran erkennt man diese Tierart? Den Elefanten erkennst du an seinem Rüssel, die Giraffe an ihrem langen Hals, den Dackel an seinen kurzen, krummen Beinen.

Errätst du, welches Tier hier in Stichworten beschrieben wird? Schreibe den Tiernamen auf die Linie. Formuliere aus den Stichpunkten eine genaue Tierbeschreibung mit ganzen Sätzen.

1. kleines Säugetier 2. weibliches Nagetier 3. drei Jahre 4. ausgewachsen, etwas größer als eine Ratte, halb so groß wie eine Hauskatze 5. rotbraunes Fell 6. kleiner, rundlicher Kopf mit runden, dunkelbraunen Augen, längliche Ohren mit pinselförmigen Haarbüscheln an der Spitze, kurzer Hals, länglicher Körper, Fellrücken rotbraun, Bauchseite weiß, Vorder- und Hinterbeine mittelbraun, langer, buschiger Schwanz 7. Wälder Europas 8. Pflanzenfresser: Nüsse, Eicheln, Tannen- und Fichtenzapfen 9. buschiger Schwanz, spitze Ohren, flink, scheu, kann kopfüber Bäume herunterklettern

Mein Tier ist ______________________________

Suche dir ein Tier aus, male es bunt und beschreibe es so genau wie möglich.

Lösungen

Seite 4/5: Lara Thompson – Tim; Dani Bauer – Maike; Grete Schulze – Herr Grauer; Helene Röder – Frau Bauer; Maike Röder – Dani; Tim Gerber – Lara; Josef Grauer – Frau Schulze

Seite 7: Auf dem Ast schleicht sich ein Baummarder heran. Am besten klingen die beiden rechten Überschriften.

Seite 8: Von oben nach unten steht in den Kästchen: (erste Reihe) M, T, G, T, G, G, G, M, G, M, G, T; (zweite Reihe) G, M, M, M, T, T, T, M, M, G, G; (dritte Reihe) M, T, G, M, G, T, G, T, M.

Seite 9: Das könnten die Gesichter ausdrücken: grummel – mürrisch, verärgert, schlecht gelaunt, nachdenken / huch? erstaunt, überrascht, verwirrt / aaah – erschreckt, entsetzt, aufschreien, um Hilfe rufen / krrr – drohen, fauchen, bösartig, knurren, stark verärgert / hehe – schadenfroh, amüsiert, hämisch, verschmitzt / ähm – unsicher, fragend, unschlüssig, nachdenklich, verwundert / haha – lustig, lachen, strahlen, zufrieden, glücklich, fröhlich, ausgelassen / rabäh – traurig, weinen, schreien, unglücklich, verheult, beleidigt.

Seite 10: Diese Adjektive passen nicht zum Substantiv in der Blütenmitte: morsch, freundlich, glasklar, sahnig, stolz, glänzend, verwundet, strähnig.

Seite 12: unanständiger Witz, kondensierte Büchsenmilch, aufgeschlossene Nachbarn, versteckte Drohung; wirksame Reklame, minderwertige Qualität, ungeduldiger Zuhörer, geschäftstüchtiger Unternehmer; einschläfernder Fernsehfilm, aufrichtige Freundschaft, kalorienreiches Dessert, gewissenhafter Beamter; zielstrebiger Einsatz, schmerzhafter Eingriff, außergewöhnliche Belastung, kinderleichte Aufgabe; logische Erklärung, übersichtliche Darstellung, namhafte Persönlichkeit, persönliches Erscheinen; handgreifliche Auseinandersetzung, beglaubigte Abschrift, überwältigende Mehrheit, riskantes Unterfangen

Seite 13: Gar nicht zur Geschichte passen die Überschriften *Sonntagsvergnügen* und *Die ungerechte Strafe*. Steif und langweilig klingen *Der Streich* und *Wurst an der Angel*.

Seite 16: In den Kästchen stehen untereinander: 5, 8, 4, 7, 1, 3, 12, 2, 11, 9, 13, 6, 10.

Seite 18: Wenn die Dämmerung anbricht, kommt der Igel aus seinem Versteck hervor. Als die Ampelanlage ausfiel, regelte ein Polizist den Verkehr mit Handzeichen. Giraffen fressen selten Gras, weil sie mit dem Maul nicht bis zum Boden reichen. Als das Thermometer auf 30 Grad klettert, gibt die Lehrerin hitzefrei. Der Arbeiter stapelt die Kartons übereinander, um auf diese Weise Platz zu sparen. Der Mann beschleunigt seinen Gang, denn er hat nur noch fünf Minuten Zeit. Ein Schneckenhaus ist so groß, dass das Tier sich ganz ins Gehäuse zurückziehen kann. Aasgeier fressen und zupfen an dem Tierkadaver, bis kein Hautfetzen übrig bleibt.

Seite 20: Der Junge mit der Jeansjacke ist Bernds großer Bruder. Herr Klob arbeitet seit zehn Jahren bei den Städtischen Gaswerken. Die Kunden, die bei mir einkaufen, werden freundlich bedient. Mein Sohn ist zum Bäcker gelaufen, um ein Brot zu kaufen. Dies ist das einzige Foto, auf dem wir gemeinsam zu sehen sind. Fritz hat gewusst, dass Gerd sitzen geblieben ist. Reich mir bitte die Tüte Milch, die auf dem Tisch steht. Ein Zaunkönig ist viel kleiner als eine Kohlmeise. In dieser Beziehung habe ich mich in dir getäuscht. Dein Deutschheft und dein Füller müssen auf dem Tisch liegen. Die blonde Frau dort vorne ist Tinas Mutter. Steffi ist drei Jahre jünger als ihre Schwester.

Seite 24: Anstelle von *sagen* kannst du nacheinander einsetzen: erzählt, fragt, antwortet / meint / erwidert, meint / erwidert, verkündet. Bessere Wörter für *machen* gibt es viele. Die korrekten Verbformen auf den Linien heißen: bereitet ... zu, Dreh, schließe, kocht, schneiden, Schraub ... zu, erledigst, öffnet, schmiere, Beeil dich, kostet, kämmt, löse.

Seite 26: Frau Huber betrachtet ihren Kopf zufrieden im Spiegel. Die neue Frisur steht ihr wirklich ausgezeichnet. Wenige Minuten später steht Frau Huber auf der Straße und schaut besorgt zum Himmel. Über den Dächern der Stadt hängen schwere Regenwolken. Sie ärgert sich, denn sie hat den Regenschirm zu Hause vergessen. Vorsichtshalber stellt sich Frau Huber im nächsten Hauseingang unter. Schon prasseln schwere Regentropfen auf den Bürgersteig. Auf Fahrbahn und Bürgersteig bilden sich riesige Wasserlachen. Endlich lässt der Regen nach und die Frau setzt ihren Heimweg fort. Durch die hohe Luftfeuchtigkeit sind ihre Haare nass und strähnig geworden. Der Regenschauer hat ihre hübsche Frisur in wenigen Minuten ruiniert.

Seite 27: Der ganze Irrtum rührt daher, dass das Preisschild undeutlich geschrieben ist. Deshalb denkt die Kundin, der Pullover wäre unglaublich billig und würde nur 19,95 € statt 79,95 € kosten.

Seite 31: Mein Tier ist ein Eichhörnchen. Und welches Tier hast du dir für deine Tierbeschreibung ausgesucht?